Cronuts

Guillem Lleonart

Cronuts

HEEL

HEEL Verlag GmbH
Gut Pottscheidt
53639 Königswinter
Tel.: 02223 9230-0
Fax: 02223 9230-13
E-Mail: info@heel-verlag.de
www.heel-verlag.de

© der deutschen Ausgabe
2015 HEEL Verlag GmbH

© Editorial Planeta, S. A., 2013
© Text: Guillem Lleonart, 2013
© Fotos: Stella Rotger, 2013
Layout: dtm+tagstudy

Originaltitel: Cronuts
Original-ISBN 978-84-480-1832-0

Deutsche Ausgabe:
Übersetzung: Birgit Irgang
Layout: Stefan Witterhold, Heel Verlag GmbH
Lektorat: Claudia Harhammer

Printed in Czech Republic

ISBN 978-3-95843-056-3

INHALT

Hallo! 012

Einleitung 016

Der Cronut-Teig 030

Der Backvorgang 038

SÜSSE CRONUTS

Sahne mit einem Hauch Limette

Schokolade

Nougat

After Eight

Weiße Schokolade und Kaffee

Sacher

Orange und Schokolade

Karamell und Zimt 060

Tatin 062

Käsekuchen mit Erdbeeren 066

Joghurtcreme 068

Griechischer Joghurt mit weißer Schokolade 070

Oreo 072

Tiramisu 074

Schokoladenganache mit Früchten 076

SÜSSE MINI-CRONUTS

Mini-Cronuts mit flüssigem Schokoladenkern und Eis

082

Mini-Cronuts mit Katalanischer Creme und Ananas-Carpaccio

084

Mini-Cronuts mit Vanille- und Erdbeer-Softeis

088

Mini-Cronut-Spieße mit Früchten und Schokolade

090

HERZHAFTE
CRONUTS

Aubergine mit Käse und Avocado

Sandwich mit Pute, Salat und Senf

Geröstete Paprika mit Frischkäse und Stockfisch-Carpaccio

Thunfisch mit Romesco-Sauce und Olivenpaste

Frischkäse mit Walnüssen, Anchovis und Spinat

Räucherlachs, weißer Spargel und Tatarensaue

HERZHAFTE MINI-CRONUTS
(SCHNELLE CRONUTS)

Ziegenkäse und Quittenbrot — 112

Avocado, Tomate und Sardelle — 113

Leberpastete mit Apfelmus — 114

Sobrasada und Honig — 115

Feige und Mahón-Menorca-Käse — 116

Jamón Ibérico mit Trockenpflaumen — 117

120

Cronuts aus dem Sandwichtoaster

122

Küchenutensilien

126

Danksagung

128

Die Fotografin

HALLO!

Ich bin Guillem Lleonart und in vierter Generation Konditor. Mein Urgroßvater Joan arbeitete Ende des 19. Jahrhunderts als Bäcker und war der Erste, der diesen Beruf in Sant Celoni ausübte. Joan stellte nicht nur Brot her, sondern auch Mehl. Mein Großvater Amadeu konzentrierte sich dann stärker auf Feingebäck, weil er der Ansicht war, dies wäre die Zukunft. Dank des katalanischen Bürgertums herrschte in der ersten Hälfte des 20. Jahrhunderts in Barcelona eine große Nachfrage nach Kuchen, Torten und Kleingebäck. Mein Großvater entwickelte sogar ein Eis, das er in die Häuser der Sommerurlauber aus Barcelona lieferte, die ihren Zweitwohnsitz in der Gegend des Montseny hatten.

Mein Vater (der ebenfalls Amadeu heißt) machte seine Ausbildung in Barcelona und modernisierte die Konditorei. Ich trat in seine Fußstapfen und lernte an der Schule der Konditorenzunft in Barcelona. Sofort stellte ich fest, dass ich zu Hause bei der täglichen Arbeit bereits viel gelernt hatte, denn bereits nach den ersten drei Monaten durfte ich direkt vom ersten ins dritte Lehrjahr wechseln: Was in den ersten bei-den Jahren unterrichtet wurde, hatte ich schon von Kindesbeinen an gelernt. Ich war im „Can Matias" genannten Haus in der Etage direkt über der Konditorei geboren worden und habe schon als Kind dort ausgeholfen. Damals zeigte mein Großvater uns, wie man eine Art Krapfen herstellt: Er nahm den Teig für Croissants und briet ihn in einer Pfanne. Zur Fastenzeit füllte er sie mit Sahne, verkaufte einige wenige und behielt den Rest für die Familie zurück.

Als ich zum ersten Mal von Cronuts hörte, kam mir diese Kindheitserinnerung wieder in den Sinn. Jede Generation hatte in der Konditorei Lleonart Neuerungen eingeführt, jedoch stets auf der Grundlage einer Tradition, die ein wertvolles Erbe darstellt. Die Cronuts bieten mir die Gelegenheit, jene besonderen Krapfen weiterzuentwickeln. Mit diesem Buch möchte ich meine Erfahrung und Leidenschaft für das Vermächtnis meines Großvaters mit Ihnen teilen und zugleich das Persönliche und Besondere einbringen. Ich hoffe, dass Sie auf diese Weise Ihre Familien begeistern können.

EINLEITUNG

Seitdem der Cronut im Mai 2013 das Licht der Welt erblickte, ist er von Geheimnissen umgeben. Da die Medien nicht wussten, wie sie den Cronut einordnen sollten, präsentierten sie ihn als Kreuzung zwischen Croissant und Donut. Doch wenn man in einen Cronut beißt, kann man kaum beide Produkte erkennen. Die Bezeichnung Cronut hängt nicht mit dem Geschmacksergebnis zusammen, sondern mit der Kombination zweier Produktionsprozesse: die Herstellung eines Croissant-Teigs und das Formen eines Kringels, der anschließend frittiert wird. Das ist etwas Neues, eine Aufforderung zum Ausprobieren und Treibstoff für die Fantasie des kreativen Konditors.

Guillem Lleonart ist der spanische Pionier in der Entwicklung des Cronuts. Einer seiner Freunde erzählte ihm, dass der Konditor Dominique Ansel in New York soeben etwas namens „Cronut" erfunden hätte und dass sich vor dessen Laden schon zwei Stunden vor der Öffnung lange Schlangen bilden würden, weil einfach jeder diese Cronuts kosten wollte. Lleonart wurde neugierig und stellte fest, dass diese Backwaren, die in Manhattan einen derartig großen Erfolg hatten, ungefähr dem entsprachen, was sein Großvater bereits über dreißig Jahre zuvor hergestellt hatte. Sie hatten es „Chucho de Croissant" genannt – in Anlehnung an die „Xuxos", einem traditionellen, kugelrunden Fettgebäck mit Cremefüllung aus Girona. Die Form war der Hauptunterschied. Großvater Lleonart stellte seine Erfindung in Croissant-Form her, während Ansel seine Backwaren als Kringel zubereitet. Guillem machte sich an die Arbeit und fand heraus, dass die donutförmigen Teigstücke in der Fritteuse schneller gar wurden, sodass das Endprodukt knuspriger und leichter war.

Anfangs glaubten die meisten Verbraucher und viele Medien, dass der Cronut ursprünglich eine Erfindung von Guillem Lleonart wäre. Der Erfolg der Cronuts, die in der Konditorei Lleonart entstanden, war keine Fortsetzung des Massenphänomens in New

York, sondern vielmehr eine Parallelentwicklung. Dominique Ansel machte seine Erfindung nur wenige Tage, bevor Lleonarts sich dazu entschied, den Krapfen weiterzuentwickeln.

Ansels Mitarbeiter hatten ihm dazu geraten, Donuts zu backen. Doch der Franzose kannte sich, wie er selbst erklärte, mit der Produktion von Donuts nicht aus und verwendete deshalb den Blätterteig für Croissants, formte daraus Kringel und frittierte diese. Das Ergebnis schien ihm äußerst zufriedenstellend zu sein.

Es ist nicht verwunderlich, dass Cronuts in New York entstanden. Die USA sind ein Land, das neue Trends ohne Vorbehalte aufgreift. Der Begriff „Schmelztiegel", der sich auf die Multikulturalität bezieht, schließt die Gastronomie mit ein. Ansel musste seine Erfindung nicht erklären: Seine Kundschaft nahm sie sofort positiv auf. Eines der Hindernisse, mit denen Lleonart zu kämpfen hatte, war die Gleichsetzung von Tradition mit Stillstand. Er hatte ein Publikum erobert, das zwar bereits von ihm überzeugt, aber unflexibel geworden war. Die ewig gleichen „Chuchos de Crema", die ewig gleichen Krapfen, das ewig gleiche Fettgebäck, und selbst wenn jemand den Donut oder das Croissant dem neuen Cronut vorzieht, bedenken all diese Kunden nicht, dass ein neues Backwerk gut sein und vielleicht sogar jene Produkte übertreffen kann, die man schon seit Jahren zur Genüge kennt. Doch die Sorgfalt, mit der Lleonart versucht, Qualität zu liefern, hat die Vorurteile überwunden, die zudem von einer falschen Betrachtungsweise ausgehen. Ist nicht alles, was wir essen, eine Verschmelzung?

Auch das Croissant und der Donut stehen bei genauerer Betrachtung exemplarisch für diese Wandlungsfähigkeit. Das Croissant geht auf den Kult der Mondgöttin Nana vor rund 5000 Jahren zurück. Das Symbol des Halbmondes verbreitete sich in ganz Mesopotamien sowie in den benachbarten Regionen und bei den Turkvölkern (in den heutigen Län-

Lleonart hat die Hürden von Tradition und mangelnder Flexibilität überwunden und eine Kundschaft zu begeistern vermocht, die zwar bereits von ihm überzeugt, aber unbeweglich geworden war.

dern Kasachstan, Afghanistan, Türkei, Mongolei und Ukraine), später auch in Babylon und Zypern.

In Griechenland stellten die Bäcker Brot für religiöse Ereignisse her. Im 5. Jahrhundert v. Chr. entstand in Ephesus ein halbmondförmiges Brot, das zu Ehren der Göttin Artemis gebacken wurde. Dank ihres Ansehens als große Handwerker gingen viele griechische Bäcker nach Rom, um dort zu arbeiten. Sie führten auch das halbmondförmige Brot ein, das bei den Römern der Göttin Diana geweiht war. Byzanz, dessen Symbol der Halbmond mit dem Stern von Bethlehem war, wurde Teil des Römischen Reiches. Nach einer Phase der Unabhängigkeit fiel Byzanz an das Osmanische Reich, das 1453 den Halbmond samt Stern als Symbol übernahm, das auch auf den Fahnen der islamischen Länder zu sehen ist. Im August 1648 erklärte Sultan Mehmet dem Heiligen Römischen Reich, dessen Hauptstadt damals Wien war, den Krieg. Das belagerte Wien wurde 1683 dank der Intervention des polnischen Königs Johann III. Sobieski befreit. Der Legende zufolge stellten die Wiener Bäcker zur Feier dieses Sieges Gebäck in Halbmondform her, das an den Triumph über die Türken erinnerte. Sie schufen das Kipferl, das in anderen Teilen der Welt als Croissant bekannt wurde. Auf diese Weise konnte man das feindliche Symbol mit jedem Bissen zerstören. Tatsächlich gibt es auch

Das Croissant ging aus dem Kipferl hervor, einem Gebäck in Halbmondform, das an den Sieg gegen die Türken in Wien erinnerte.

schon einen früheren Hinweis aus dem Jahr 1630, der sich in den Archiven der medizinischen Fakultät in Wien findet, doch der Mythos von der Entstehung des Croissants nach der Schlacht von Wien ist in die Geschichte eingegangen. Nach dem Kampf wurde der in Wien ansässige Pole Georg Franz Kolschitzky mit Kaffeesäcken für seinen heldenhaften Einsatz gegen die Türken belohnt. Der bis dahin in Österreich unbekannte Kaffee verbreitete sich zusammen mit dem Kipferl. Obwohl man nicht mit Sicherheit sagen kann, ob Kolschitzky tatsächlich der Erste war, der in Europa Kaffee verkaufte (der Historiker Karl Teply schreibt dieses Verdienst Johannes Diodato zu), wurde er von seiner Zunft durch die Errichtung einer Statue in Wien geehrt. Die Ankunft des Zuckers in Europa trug geschmacklich entscheidend zum Siegeszug des Kaffees bei. Der Erfolg des Kaffees und der Schokolade unterstützte auch die Verbreitung des Croissants bzw. Kipferls. Das Kipferl entwickelte sich von einem Gedenkbrot zu einem Lebensmittel des täglichen Verzehrs.

Die Einführung des Croissants in Versailles (Frankreich) wird übrigens einer österreichischen Prinzessin zugeschrieben, die 1770 den französischen Thronerben Ludwig XVI. heiratete: Marie Antoinette. Es war eines der wenigen Dinge, die sie aus ihrem Heimatland mitbringen durfte.

Das heutige Rezept für Croissants entstand 1920 in Paris, obwohl sie ursprünglich aus Österreich stammen.

Wie David Halliday in „The Bloody History of the Croissant" erklärt, setzte Marie Antoinette mit ihrem Kipferl einen Trend, brachte das Volk dazu, dieses Gebäck zu essen und förderte damit die Verbreitung österreichischer Backwaren in Paris. Nach Jim Chevaliers Abhandlung „August Zang and the French Croissant" hat dieser Mythos jedoch keinen Bestand. Hier wird davon berichtet, wie der österreichische Militärangehörige August Zang nach Paris kam und 1838 ein Café eröffnete. Seine Wiener Methode, einen Heißluftdämpfer zu verwenden, trug dazu bei, dass Brote und andere neuartige Produkte in Paris eingeführt wurden – unter anderem das Kipferl. Sein schneller Erfolg lässt sich vielleicht mit dem aktuellen Siegeszug des Cronuts vergleichen, wenn man die Berichte aus der damaligen Zeit liest, die sich mit Backwaren beschäftigen.

Das Wort „Croissant" taucht in der Schriftsprache zum ersten Mal 1850 auf, und zwar in einer Studie des französischen Wissenschaftlers Anselme Payen über die Situation der Bäckerei in Großbritannien. Eine noch größere Verbreitung fand das Croissant durch die Weltausstellung in Paris 1889 und den Experten Raymond Clavel. Sein Rezept, das ebenfalls in Paris entwickelt wurde, stammt dem Gastrowissenschaftler Harold McGee zufolge aus dem Jahr 1920.

Das Croissant hat sich trotz seines österreichischen Ursprungs zu einem französischen Symbol entwickelt, und so ist der Donut typisch für die Vereinig-

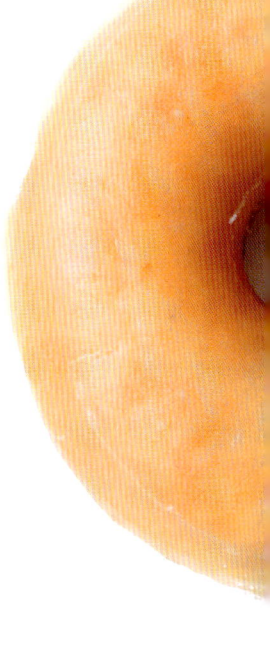

croissant

donut

cronut

ten Staaten. Schon seit der Antike wurde Weizenteig frittiert. Interessanterweise fand sich die erste Backware mit einem Loch in der Mitte in einer Höhle im US-Bundesstaat Oklahoma, wie der Historiker Paul R. Mullins in „Glazed America: A History of the Doughnut" schreibt.

Es ist schwer zu sagen, wo der Donut tatsächlich seinen Ursprung hat. Jeder frittierte Teig kann als Verwandter dieses Gebäcks betrachtet werden.

Der Begriff „Dough Nut" („Teignuss") wird dem New Yorker Schriftsteller Washington Irving zugeschrieben, der im Jahr 1809 dieses Produkt in seiner „Geschichte New Yorks" erwähnte und es mit den holländischen „Olykoeks" verglich. Dieses Gebäck muss im 17. Jahrhundert durch Immigranten in die USA eingeführt worden sein, die mit Nieuw Amsterdam das spätere New York gründeten. Es ist schwierig, den Unterschied zwischen dem Olykoek und dem Donut zu erfassen, denn der niederländische Kringel verschwand und ging im Donut auf, sodass er seit der Veröffentlichung der Rezepte im 19. Jahrhundert ein fester Bestandteil der US-amerikanischen Küche

ist. Die große Diskussion, die grotesk erscheinen mag, dreht sich um die Frage, wer als Erster ein Loch in den Donut gemacht hat, wodurch er die berühmte Ringform erhielt. Der „Doughnut Corporation of America" zufolge war dies der Schiffskapitän Hanson Gregory im Jahr 1920. Wie er auf die Idee kam, die Mitte herauszuschneiden, kann nicht eindeutig beantwortet werden. Ein Mythos besagt, dass er dies auf hoher See mit dem Ruder seines Schiffes tat, während einer anderen Geschichte zufolge seine Mutter das Gebäck frittiert hatte und Gregory die Mitte herausschnitt, da sie nicht gar war.

Der Donut wurde wohl auch deshalb zu einem US-amerikanischen Nationalsymbol, weil die Frauen der Heilsarmee ihn buken und an die Soldaten verteilten, die während des Ersten Weltkriegs nach Frankreich geschickt wurden. Die Technisierung nach dem Ersten Weltkrieg bereitete die Grundlage für den Massenkonsum von Donuts. Er wurde durch die Fabrik gesichert, die der russische Einwanderer Adolph Levitt in New York errichtet hatte. Er gründete auch die „Doughnut American Corporation", um

den Absatz seiner Donuts zu unterstützen. Mit der Mechanisierung der Produktion sanken die Preise, sodass sich das Gebäck zu einem weit verbreiteten Lebensmittel entwickeln konnte und nach der großen Depression 1929 zu einer der beliebtesten Backwaren wurde.

Große Ketten entstanden überall, sowohl in den USA als auch in anderen Ländern – in der Regel mit Massenware von niedriger Qualität, aber eben mit dem Siegel „Made in USA".

Die US-amerikanischen Konditoreien mieden es, Donuts herzustellen, da sie ihnen zu gewöhnlich waren, während in Europa qualitativ hochwertige Konditor-Donuts produziert wurden. So kam es zur Entstehung des Cronuts, als Dominique Ansel in seinem Geschäft in New York einen erstklassigen Donut anbieten wollte und bei dieser Gelegenheit ein neues Produkt kreierte. Es sorgte für Aufsehen und sprach eher ein gehobenes Publikum an, das stets das Allerneueste kosten möchte. Fast zur selben Zeit präsentierte auch Guillem Lleonart sein Gebäck und durchbrach damit die Routine seiner spanischen Kunden.

Guillems Ansatz reicht weiter. Seit er mit der Herstellung der Cronuts begonnen hat, experimentiert er mit den Möglichkeiten dieses Produkts. Er glaubt an dessen Vielseitigkeit und möchte seine Leidenschaft mit den Lesern teilen. Der Cronut ist eine zeitgenössische Interpretation, die er mit der Familientradition verbindet – mit jenen „Croissants de Chucho", die sein Großvater anfertigte. Die größte Ehre, die er ihm zuteilwerden lassen kann, besteht darin, seine Arbeit zu verbessern und ein möglichst großes Publikum dafür zu begeistern. Dieses Buch ist das Ergebnis vieler Stunden kreativen Arbeitens und Ausprobierens. Es stellt eine Einladung zum Experimentieren unter Guillem Lleonarts genauer Anleitung dar und führt in die Welt der Konditortechniken ein – mit dem Cronut als Leitfaden.

Víctor Llacuna
Journalist
gastronomiaalternativa.com

DER CRONUT-TEIG

Cronuts werden aus Croissant-Teig hergestellt. Er lässt sich wunderbar mit Sahne, Creme, Schokolade oder anderen Dingen füllen, dekorieren und glasieren. So entstehen die vielfältigsten Variationen, Größen und Eigenschaften.

ZUTATEN

220 ml kaltes Wasser

8 g Salz

40 g Zucker

30 g frische Hefe

200 g Mehl Typ 1050

200 g Mehl Typ 405

220 g Butter

Normalerweise werden Cronuts frittiert, doch in diesem Buch werden unterschiedliche Arten der Zubereitung und Verwendung des Teigs vorgestellt. Darüber hinaus werden Möglichkeiten präsentiert, die Ruhephasen zu verkürzen, die Herstellung zu vereinfachen und die Vorbereitungsdauer für den Croissant-Teig zu verringern. Der Teig kann per Hand oder (bei kleinen Mengen) mit einer Küchenmaschine hergestellt werden.

ZUBEREITUNG

Es gibt verschiedene Möglichkeiten, den Teig zuzubereiten:

In einer Schüssel

Das Mehl wird mit dem Salz und dem Zucker in eine Schüssel gefüllt, bevor das kalte Wasser und die aufgelöste Hefe hinzukommen. Der Teig wird 10-15 Minuten geknetet, bis eine einheitliche Masse entstanden ist.

Per Hand ohne Schüssel

Zunächst wird auf der Arbeitsfläche eine Art Vulkan aufgeschüttet. Dazu werden die beiden Mehlsorten auf der Arbeitsfläche vermischt und aufgehäuft. Dann drückt man eine Kuhle in den Haufen hinein, in die das Wasser gegossen und das Salz gestreut wird.

Mit der Hand wird das Salz zunächst im Wasser aufgelöst, bevor die Hefe hinzu-kommt: Ist das Salz nicht vollständig aufgelöst, geht die Hefe möglicherweise nicht auf. Anschließend werden nach und nach der Zucker und zum Schluss das Mehl von außen nach innen eingearbeitet. Sobald alle Zutaten vermischt sind, wird die Masse ungefähr 10-15 Minuten gut geknetet, bis ein kompakter Teig mit feiner Konsistenz entsteht.

Mit der Küchenmaschine oder dem Handrührgerät

Zuerst wird das Wasser mit dem Salz und Zucker verrührt, bevor die Küchenma-schine oder das Handrührgerät zum Einsatz kommt. Dann gibt man die Mehl-sorten und die Hefe hinzu und verrührt diese ungefähr 10 Minuten mit dem Wasser.

Sobald der Teig fertig ist, wird ein wenig Mehl auf den Tisch oder die Arbeits-platte gestreut und der Teig mit dem Nudelholz kreuzförmig ausgerollt (siehe Foto). Die Butter kommt in die Mitte und wird wie bei einem Geschenkpäckchen eingewickelt (siehe Fotos auf Seite 32).
Nachdem die Butter in der Mitte in den Teig eingearbeitet ist, wird dieser mit dem Nudelholz zu einem Rechteck ausgerollt und anschließend von beiden Sei-ten aus zusammengefaltet.

Es ist sehr wichtig, dass die Butter Zimmertemperatur hat. Mein Tipp: Wenn Sie ein Stück Butter aus dem Kühlschrank verwenden, kneten Sie dieses mit der Hand auf einem Stück Backpapier.

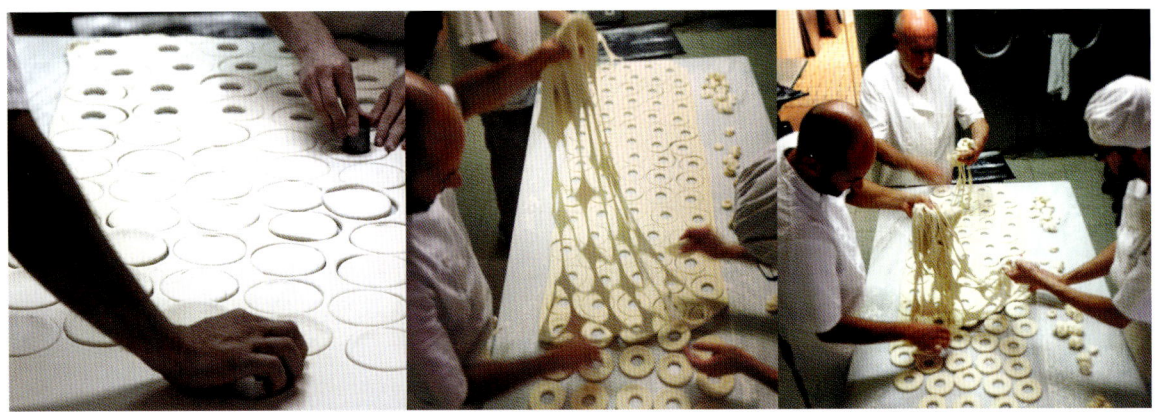

Im Querschnitt ist der Unterschied zwischen einem Cronut und einem Dosant gut erkennbar (Foto oben).

Wenn Sie keinen Donut-Ausstecher besitzen, können Sie für die Ringform zwei unterschiedlich große Ausstechformen mit einem Durchmesser von 9 cm und 3,5 cm verwenden.

Nach ca. 10 Minuten Ruhezeit wird der oben beschriebene Vorgang noch zwei Mal wiederholt, wobei der Teig zwischen jeder Faltung ruhen muss.

Nach der dritten Faltung soll der Teig weitere 10 Minuten ruhen, bevor er ungefähr 1 cm dick ausgerollt wird.

Ein Donut-Ausstecher mit einem Durchmesser von 9 cm ergibt 10 Cronuts.

Für die Verwendung des restlichen Teigs gibt es unterschiedliche Optionen. Er kann zum Ausstechen weiterer Cronuts erneut ausgerollt werden. Diese Gebäckstücke werden als „Dosants" bezeichnet. Sie haben denselben Geschmack wie Cronuts, aber eine andere Konsistenz, da die für Cronuts typische blättrige Beschaffenheit des Teigs durch nochmaliges Kneten und Ausrollen verloren geht. Aufgrund dieser besonderen Eigenschaft kann ein Dosant als Grundlage für viele verschiedene salzige Alternativen dienen und bietet überdies eine optimale Möglichkeit, den gesamten Teig zu verwenden.

Eine weitere Option besteht darin, eine typisch spanische Coca auf Blätterteigbasis herzustellen. Dafür wird der restliche Teig ausgerollt, zu einem Rechteck geformt und an den Rändern nach innen gebogen. Dann werden Pinienkerne und Zucker darauf verteilt. Backofen auf 220 °C vorheizen und Coca ca. 14 Minuten backen.

DER BACKVORGANG

Für ein optimales Backergebnis ist eine gute Fermentierung besonders entscheidend. Die Cronuts werden mit etwas Mahl bestäubt und ruhen mit einem Geschirrtuch abgedeckt auf einem mit Mehl bestäubten Backblech oder Tablett. Die Fermentierung dauert ca. 1 Stunde (je nach Zimmertemperatur). Währenddessen wird in einem großen Topf (Niemals in einer Pfanne!) Sonnenblumenöl auf 180 °C erhitzt. Darin werden die Cronuts dann vorsichtig frittiert. Das fertige Gebäck kühlt auf Küchenpapier ab und kann dann je nach Geschmack gefüllt und verziert werden.

Während des Frittierens wendet man die Cronuts, damit sie gleichmäßig garen (am besten zwei Mal).

SÜSSE CRONUTS

SAHNE MIT EINEM HAUCH LIMETTE

ZUBEREITUNG

1 Das Eigelb mit dem Zucker schlagen, bis es weiß wird. Die Milch nach und nach langsam hinzugießen und mit einem Schneebesen verquirlen. Eine halbe Zimtstange und die Hälfte der abgeriebenen Limettenschale hinzufügen. (Wer einen intensiveren Limettengeschmack bevorzugt, kann auch eine größere Menge Limettenschale verwenden.)

2 Die Mischung erhitzen. Das Maismehl in einer Schale mit etwas Wasser oder Milch verquirlen. Dann in die Mischung gießen, wenn diese fast kocht.

3 Die Mischung vom Herd nehmen und kräftig schlagen, bis eine dicke Masse entsteht. In den Kühlschrank stellen.

4 Einen Cronut nehmen und ein Messer, einen Spritzbeutel und eine glatte Tülle Nr. 8 bereitlegen. Mit dem Messer drei Löcher in den Cronut bohren und die abgekühlte Limettencreme hineinspritzen (50–60 g Füllung pro Cronut).

ZUTATEN

(für 10–12 Cronuts)
400 ml Milch
125 g Zucker
3 Eigelb
40 g Maismehl
1 Zimtstange
1 Limette

VARIANTEN

Wenn Sie einen etwas milderen Geschmack bevorzugen, kann die Limettenschale durch Zitronenschale ersetzt werden. Außerdem ist es möglich, die Zimtstange durch eine längs halbierte Vanilleschote zu ersetzen.

DEKORIEREN

Die Cronuts in Kristallzucker wälzen.

SCHOKOLADE

Für die Schokoladencronuts wird eine Ganache hergestellt. Das ist eine Emulsion, also eine Mischung aus Fett und Flüssigkeit – in diesem Fall Sahne und Schokolade. Die Zusammensetzung variiert je nach Kakaogehalt der verwendeten Schokolade:

70 % Kakao	**100 g**
60 % Kakao	**110 g**
40 % Kakao oder Vollmilchschokolade	**150 g**
35 % Kakao oder weiße Schokolade	**200 g**

ZUBEREITUNG

1 Die Schokolade zerkleinern und im Wasserbad oder in der Mikrowelle schmelzen (bei 500 Watt, dabei gelegentlich umrühren). Bei weißer Schokolade ist eher das Wasserbad zu empfehlen.

2 Sahne und Honig zusammen zum Kochen bringen. Ein Drittel dieser Mischung in die geschmolzene Schokolade gießen und kräftig rühren, bis die Mischung elastisch wird und glänzt.

3 Die restliche Sahne in zwei Etappen auf die oben beschriebene Weise verarbeiten, sodass die Mischung eine feine, glatte, glänzende Konsistenz erhält.

4 Mischung im Kühlschrank 1 Stunde ruhen lassen, bis sie fest ist.

5 Nun kann sie als Füllung für die Cronuts verwendet werden. Einen Spritzbeutel mit einer Tülle Nr. 8 bereitlegen. Mit einem Messer 3 Schnitte in den Cronut machen und die Ganache hineinspritzen.

DEKORIEREN

Als Dekoration verzieren Sie den Cronut mithilfe eines Spritzbeutels aus Papier mit feinen Streifen der verwendeten Schokoladenart.

ZUTATEN

(für 10 Cronuts)
300 ml Sahne
50 g Honig
200 g Bitterschokolade (70 % Kakao)
oder
450 g Vollmilchschokolade (40 % Kakao)
oder
600 g weiße Schokolade (35 % Kakao)

NOUGAT

Nougat ist eine Konfektmasse, die aus Schokolade, gerösteten Haselnüssen und Zucker besteht. Je nach verwendeter Schokoladenart erhält man ein Zartbitter- oder Vollmilchnougat.

ZUBEREITUNG

1 Den Backofen auf 150 °C vorheizen. Die Haselnüsse darin ungefähr 10 Minuten rösten, bis sie eine schöne, goldene Färbung haben.

2 Die Schokolade und die Kakaobutter zerkleinern und im Wasserbad oder in der Mikrowelle schmelzen (auf mittlerer Stufe), dabei gelegentlich umrühren.

3 Die Haselnüsse mit dem Puderzucker in einer Küchenmaschine zerkleinern, bis eine Paste entsteht.

4 Die Haselnusspaste in einer Schüssel mit der geschmolzenen Schokolade-Kakaobutter-Mischung verrühren.

5 Das Nougat unter ständigem Rühren in einem kalten Wasserbad (Wasser mit Eiswürfeln) auf 25 °C kühlen.

6 Die Nougatmasse in einen Spritzbeutel füllen. Mit einem Messer Löcher in die Cronuts stechen. Dann die Cronuts mit dem Nougat füllen. Es werden ungefähr 50 g Nougat pro Cronut gebraucht.

DEKORIEREN

Bestäuben Sie die fertigen Cronuts mit Puderzucker und gemahlenen Haselnüssen.

ZUTATEN

(für 10-12 Cronuts)
200 g ganze Haselnüsse
80 g Vollmilchschokolade (40 % Kakao)
30 g Kakaobutter
200 g Puderzucker

GUT ZU WISSEN ...
Kakaobutter ist in jeder Konditorei erhältlich.

TRICK

Am einfachsten und praktischsten ist es, den Pfefferminztee aus Teebeuteln oder losen Pfefferminzblättern im Sieb zu brühen.

AFTER EIGHT

Auf der Grundlage des britischen Schokoladenklassikers „After Eight", der aus Bitterschokolade und Pfefferminzcreme besteht, stellen Sie eine Pfefferminzcreme her, die von dieser Geschmackskombination inspiriert ist.

ZUBEREITUNG

1 120 ml Sahne mit der Pfefferminze zum Aromatisieren wie einen Tee aufkochen.

2 Die Schokolade zerkleinern und im Wasserbad oder in der Mikrowelle schmelzen.

3 Sobald die Schokolade geschmolzen ist, einen Teil der Pfefferminzsahne hinzufügen und kräftig umrühren, bis eine glänzende Mischung entsteht.

4 Die restliche Pfefferminzsahne hineingießen und den Vorgang wiederholen.

5 Sobald die Mischung eine feine Konsistenz hat und glänzt, mit dem Handrührgerät die restliche Sahne hinzufügen. Wenn alles gut verrührt ist, die Schüssel mit Frischhaltefolie abdecken und 3 Stunden im Kühlschrank ruhen lassen.

6 Danach mit dem Handrührgerät oder der Küchenmaschine auf mittlerer Stufe die Bitterschokolade-Pfefferminz-Ganache schlagen, bis eine geschmeidige Creme entsteht.

7 Mit einem Messer in den unteren Teil der Cronuts jeweils drei Löcher schneiden. Die Cronuts mithilfe eines Spritzbeutels und einer Tülle Nr. 8 mit der Ganache füllen.

DEKORIEREN

Verzieren Sie die Oberseite der Cronuts mit Schokolade und einem Pfefferminzblatt.

ZUTATEN

(für 10–12 Cronuts)
120 g Bitterschokolade (70 % Kakao)
360 ml Sahne
Frische oder getrocknete Pfefferminzblätter (für Tee), nach Geschmack
oder
150 g Vollmilchschokolade (40 % Kakao)
380 ml Sahne
oder
160 g weiße Schokolade (35 % Kakao)
390 ml Sahne

EXTRA-TIPP
Jede Ganache kann auch mit Sahne hergestellt werden, die mit verschiedenen Kräutern oder Gewürzen aromatisiert wurden, z. B. Vanille, Muskatnuss oder grünem Tee.

WEISSE SCHOKOLADE UND KAFFEE

ZUBEREITUNG

1 10 cl Espresso kochen. Die weiße Schokolade in Stücke brechen und im Wasserbad oder in der Mikrowelle schmelzen, dabei gelegentlich umrühren. (In der Mikrowelle die Auftaufunktion verwenden, da die weiße Schokolade sehr empfindlich ist und leicht anbrennt.)

2 Sobald die Schokolade geschmolzen ist, nach und nach den Espresso hinzufügen. Dabei mit einem Teigschaber kreisförmig rühren, sodass eine glatte, glänzende Mischung entsteht.

3 Dann die kalte Sahne hineingießen und mit einem Schneebesen verquirlen, bis alles gut vermischt ist. Mit Frischhaltefolie abdecken und 3 Stunden im Kühlschrank ruhen lassen.

4 Diese Ganache aus weißer Schokolade und Espresso mit einem Handrührgerät auf mittlerer Stufe aufschlagen, bis sie eine feine, luftige Konsistenz hat.

5 Mit einem Messer drei Löcher in den Cronut schneiden und mit einem Spritzbeutel und einer glatten Tülle Nr. 8 durch die Löcher die gekühlte Creme hineinspritzen (50–60 g Füllung pro Cronut).

ZUTATEN

(für 10–12 Cronuts)
10 cl Espresso
160 g weiße Schokolade
240 ml Sahne

DEKORIEREN

Verwenden Sie zum Verzieren Puderzucker und Kakaopulver.

GUT ZU WISSEN ...

Wenn Sie Schlagsahne oder aufgeschlagene Ganache als Füllung verwenden möchten, sollten die Cronuts gut gekühlt sein.

SACHER

In Anlehnung an den österreichischen Tortenklassiker backen Sie eine Variante aus denselben Zutaten; lediglich das Schokoladenbiskuit wird durch frittierten Croissant-Teig ersetzt. Dadurch entsteht ein origineller und köstlicher Cronut.

ZUBEREITUNG DER GANACHE MIT BITTERSCHOKOLADE

1 Die Sahne mit dem Honig aufkochen.

2 Die Schokolade in Stücke brechen und im Wasserbad oder in der Mikrowelle (auf mittlerer Stufe) schmelzen; dabei gelegentlich umrühren.

3 Die Butter in der Mikrowelle schmelzen, ohne dass sie zu kochen beginnt. Der Ganache hinzufügen und mit einem Schneebesen so einarbeiten, dass keine Luftblasen entstehen.

4 Mindestens 2 Stunden im Kühlschrank ruhen lassen.

5 Anschließend die feste Ganache mit einem Handrührgerät aufschlagen, bis sie cremig ist.

ZUBEREITUNG DER ERDBEER-HIMBEER-MARMELADE

1 Erdbeeren und Himbeeren putzen, klein schneiden und in eine Schüssel füllen. Den Zucker hinzufügen und im Kühlschrank mehrere Stunden oder über Nacht ziehen lassen, damit die Früchte ihre Flüssigkeit abgeben.

2 Nach der Ruhezeit die Fruchtmischung erhitzen und ca. 5 Minuten sprudelnd kochen lassen, bis genügend Flüssigkeit verdampft ist. Dann auf niedrige Stufe herunterschalten und unter gelegentlichem Umrühren 40 Minuten köcheln lassen.

ZUTATEN
(für 10–12 Cronuts)
180 g Bitterschokolade (70 % Kakao)
240 ml Sahne
35 g Honig
75 g Butter

ZUTATEN
(für 10–12 Cronuts)
250 g Erdbeeren
100 g Himbeeren
115 g Zucker
½ Zitrone

ZUBEREITUNG DER GLASUR MIT BITTERSCHOKOLADE

1 Die Sahne mit dem Honig aufkochen. Die Schokolade zerkleinern und im Wasserbad oder in der Mikrowelle (auf mittlerer Stufe) schmelzen, dabei gelegentlich umrühren.

2 Die Honigsahne vom Herd nehmen und mit einem Teigschaber nach und nach in die flüssige Schokolade rühren. Dabei kreisförmig rühren und darauf achten, dass keine Luft in die Mischung gelangt.

3 Die Mischung mit Frischhaltefolie abdecken und bei Zimmertemperatur auf ungefähr 40 °C abkühlen. Dann die zimmerwarme Butter hinzufügen (1 Stunde vor Gebrauch aus dem Kühlschrank holen) und mit einem Teigschaber unterrühren, bis eine glatte Mischung entsteht.

ZUSAMMENSETZEN UND DEKORIEREN

1 Mit einem Messer 6 Schnitte in den Cronut machen und abwechselnd mit der Ganache und der Marmelade füllen.

2 Die gefüllten Cronuts auf ein Kuchengitter legen und mithilfe eines Schöpflöffels mit Schokolade übergießen.

3 Himbeeren in Puderzucker wälzen. Mit Himbeeren und Schokoraspeln garnieren.

ORANGE UND SCHOKOLADE

Für diese Cronuts werden die Reste des Croissant-Teigs, der Dosant-Teig, verwendet. Der Teig wird mit Orangeat kombiniert, bevor er eine Viertelstunde ruht und ausgerollt wird, um die Cronuts auszustechen (siehe S. 30).

ZUBEREITUNG

1 Die Sahne (120 ml) mit geriebener Muskatnuss aufkochen, um die Sahne zu aromatisieren.

2 Die Schokolade zerkleinern und im Wasserbad oder in der Mikrowelle (auf mittlerer Stufe) schmelzen, dabei gelegentlich umrühren.

3 Sobald die Schokolade geschmolzen ist, die Sahne vom Herd nehmen und nach und nach unter die geschmolzene Schokolade rühren. Dabei mit einem Teigschaber kreisförmig umrühren. Sobald alles miteinander vermischt ist, die restliche Sahne (300 ml) hinzufügen und mit einem Schneebesen einarbeiten.

4 Die Mischung mit Frischhaltefolie abdecken und zunächst 1 Stunde im Kühlschrank und dann 5 Minuten im Gefrierfach ruhen lassen.

5 Schokoladencreme mit einer Küchenmaschine oder einem Handrührgerät aufschlagen, bis sie fest und luftig ist.

ZUSAMMENSETZEN UND DEKORIEREN

1 Den Dosant mit einem Sägemesser längs halbieren. Mithilfe eines Spritzbeutels und einer Randtülle die Füllung spiralförmig auf die untere Hälfte der Dosants spritzen und mit der anderen Hälfte bedecken.

2 Zum Verzieren Puderzucker darüber sieben und mit fein geriebener Orangenschale bestreuen.

ZUTATEN

(für 10–12 Cronuts)
420 ml (120 ml + 300 ml) Sahne
100 g Bitterschokolade (65 % Kakao)
Muskatnuss nach Belieben
Orangeat
Orangenschale

KARAMELL UND ZIMT

Für diese Cronuts wird der Dosant-Teig verwendet.

ZUBEREITUNG

1 Die Sahne mit dem Traubenzucker erhitzen und mit Zitronenschale und Zimt aromatisieren.

2 In einem Teflongefäß mit dem Zucker trockenen Karamell herstellen. Langsam die aromatisierte Sahne zum Zucker gießen und aufkochen, bis eine Temperatur von 104 °C erreicht ist. Dann auf 80 °C abkühlen lassen.

3 Die Vollmilchschokolade zerkleinern und nach und nach zur Sahnemischung hinzufügen. Mit einem Schneebesen verrühren. Sobald eine Temperatur von 35–40 °C erreicht ist, die zimmerwarme Butter hinzufügen und mit dem Schneebesen einarbeiten.

4 Im Kühlschrank 3 Stunden ruhen lassen.

DEKORIEREN

Die Fondantcreme kann mit einem Spritzbeutel in die zuvor mit Löchern versehenen Cronuts gespritzt oder auch mit dem Dosant-Teig mit Orangeat (siehe S. 59) kombiniert werden. Zum Schluss das Gebäck mit Zucker und Zimt bestreuen und mit Karamellsauce servieren.

ZUTATEN

(für 10–12 Cronuts)
100 g Zucker
170 ml Sahne
70 ml Traubenzucker
1 Vanilleschote
300 g Vollmilchschokolade (35 % Kakao)
45 g Butter
Zitronenschale (nach Belieben)
Zimt (nach Belieben)

GUT ZU WISSEN ...
Verwenden Sie zur Herstellung des trockenen Karamells einen großen Teflontopf, denn wenn Sie die aromatisierte Traubenzucker-Sahne hinzufügen, verdreifacht oder vervierfacht sich ihr Volumen.

TATIN

In Anlehnung an Tarte Tatin, den berühmten französischen Apfelkuchen, stellen wir diese Cronuts her. Innen wird er mit Apfelmus gefüllt, außen in Puderzucker gewälzt.

ZUBEREITUNG

1 Die Äpfel schälen, entkernen und in kleine Würfel schneiden. Die Apfelwürfel mit dem Saft der Zitrone in einen Topf füllen. Wenn der Apfel beginnt, Flüssigkeit abzugeben, die beiden Zuckersorten hinzufügen, den Topf abdecken und 15 Minuten kochen.

2 Anschließend den Deckel abnehmen, damit etwas Flüssigkeit verdampfen kann, und die Apfelwürfel auf kleiner Flamme während der nächsten rund 30 Minuten langsam karamellisieren. Dabei gelegentlich mit einem Holzlöffel umrühren.

3 Sobald das milde Mus fertig ist, den Topf vom Herd nehmen und im Kühlschrank abkühlen lassen.

4 In jeden Cronut mit einem Messer auf der Unterseite drei Schnitte setzen. Die Cronuts mithilfe eines Spritzbeutels mit runder Tülle mit dem Apfelmus füllen. Zum Abschluss mit Zuckerguss überziehen (siehe „Dekorieren").

DEKORIEREN

Ein Eiweiß in eine Schüssel geben, nach und nach Puderzucker hinzufügen. Umrühren, bis der Guss eine relativ feste Konsistenz hat (siehe S. 64/65). Ein paar Tropfen Zitronensaft hinzufügen. Die Cronuts damit überziehen und nach Belieben dekorieren.

ZUTATEN

(für 10–12 Cronuts)
10 Äpfel (z. B. Reinette)
100 g weißer Zucker
100 g brauner Zucker
1 Zitrone

TRICKS UND TIPPS
Je länger Sie die Apfelstücke während des Kochens umrühren, desto feiner wird das Mus. Wenn Sie die Cronuts mit der Glasur übergießen möchten, muss diese eine sehr weiche Konsistenz haben. Wenn Sie die Verzierung mit dem Spritzbeutel auftragen, sollte die Glasur fester sein.

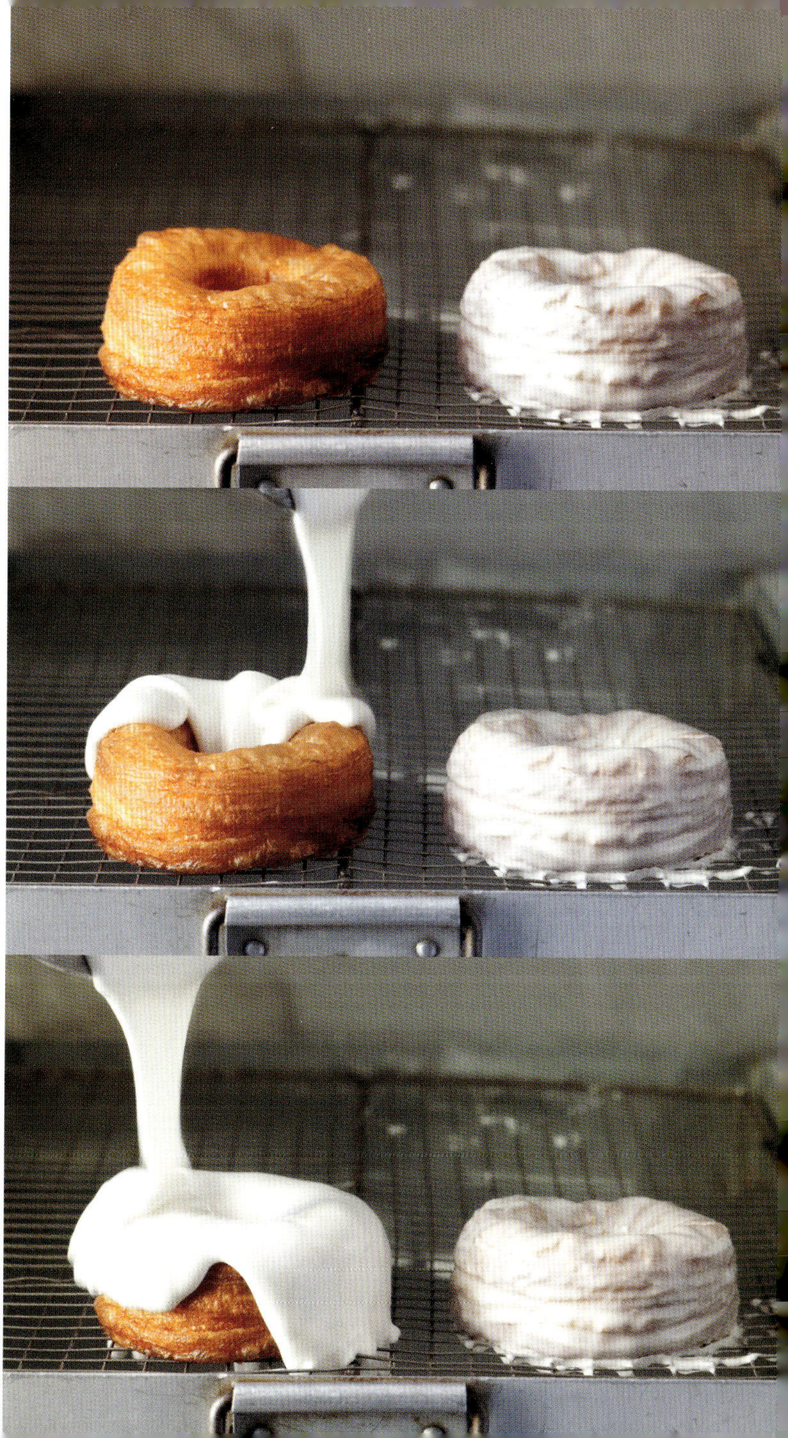

KÄSEKUCHEN MIT ERDBEEREN

ZUBEREITUNG

1 Frischkäse und Butter mit einem Schneebesen oder einer Küchenmaschine mit Rührbesen langsam verrühren. Den gesiebten Puderzucker nach und nach hinzufügen. Wenn alles gut verrührt ist, die Masse schlagen, bis eine feste, glatte Buttercreme entsteht.

2 Mit einem Messer 3 Löcher in den Cronut schneiden. Mit einem Spritzbeutel und einer glatten Tülle Nr. 8 in die Öffnungen die gekühlte Creme spritzen (ungefähr 50–60 g Füllung pro Cronut).

3 Ein wenig Buttercreme zum Dekorieren zurückbehalten.

DEKORIEREN

Wälzen Sie den Cronut in Zucker. Mithilfe des Spritzbeutels können Sie die obere Seite auch mit etwas Buttercreme verzieren. Schneiden Sie die Erdbeeren in Scheiben oder Viertel und belegen Sie damit den Cronut.

ZUTATEN

(für 10–12 Cronuts)
400 g Frischkäse (z. B. Philadelphia)
125 g Butter
350 g Puderzucker
Bio-Erdbeeren (nach Belieben)

JOGHURTCREME

ZUBEREITUNG

1 Frischkäse, Butter und Joghurtpulver mit einem Schneebesen oder einer Küchenmaschine mit Rührbesen langsam verrühren. Den gesiebten Puderzucker nach und nach hinzufügen. Wenn alles gut verrührt ist, weiter schlagen, bis eine fest, glatte Creme entsteht.

2 Mit einem Messer 3 Löcher in den Cronut schneiden. Mithilfe eines Spritzbeutels und einer glatten Tülle Nr. 8 in die Öffnungen die zuvor gekühlte Creme spritzen (ungefähr 50–60 g Füllung pro Cronut).

DEKORIEREN

Bestreichen Sie die Oberseite des Cronuts mit Schokolade. Außerdem können Sie beispielsweise beliebige Körner, Schokoladenperlen, getrocknete Himbeerstückchen oder ähnliches darüber streuen.

ZUTATEN

(für 10–12 Cronuts)
200 g Butter
200 g Frischkäse (z. B. Philadelphia)
300 g Puderzucker
50 g griechischer Joghurt in Pulverform

GUT ZU WISSEN ...
Die Butter muss 1 Stunde vor dem Backen aus dem Kühlschrank geholt werden, damit sie Zimmertemperatur annehmen kann.

GRIECHISCHER JOGHURT UND WEISSE SCHOKOLADE

ZUBEREITUNG

1 Die Gelatine in einer Schale in kaltem Wasser einweichen.

2 Die zerkleinerte weiße Schokolade und die Kakaobutter im Wasserbad schmelzen.

3 Das mit einem Messer ausgekratzte Mark der Vanilleschote und die aufgelöste Gelatine hinzufügen. Mit einem Handrührgerät oder einem Teigschaber verrühren, ohne Luft einzuarbeiten. Wenn die Temperatur auf 45 °C gesunken ist, den griechischen Joghurt untermengen.

4 Mit Frischhaltefolie abgedeckt im Kühlschrank ruhen lassen, bis die Masse ausreichend fest geworden ist.

5 Mit einem Messer den unteren Teil des Cronuts mehrmals einschneiden. Mithilfe eines Spritzbeutels mit flacher Tülle die Joghurtcreme hineinspritzen.

DEKORIEREN

Überziehen Sie den Cronut mit weißer Schokolade und garnieren Sie ihn mit bunten Zuckerstreuseln.

ZUTATEN

(für 10–12 Cronuts)
300 g griechischer Joghurt
250 g weiße Schokolade (20 % Kakao)
25 g Kakaobutter
½ Vanilleschote
2 Blätter Gelatine

OREO

Die beliebten Kekse werden hier mit einer Buttercreme kombiniert. Das Ergebnis ist ein wirklich origineller und witziger Snack.

ZUBEREITUNG

1 Mit einem Schneebesen oder der Küchenmaschine die Butter mit dem Frischkäse verrühren. Nach und nach den gesiebten Puderzucker und die mit einem Fleischwolf gleichmäßig zerkleinerten Oreo-Kekse hinzufügen. Alles mit einem Teigschaber vorsichtig verrühren.

2 Mit einem Messer 3 Löcher in den Cronut schneiden. Mithilfe eines Spritzbeutels und einer glatten Tülle Nr. 8 in die Öffnungen die zuvor gekühlte Creme spritzen (ungefähr 50–60 g Füllung pro Cronut).

DEKORIEREN

Stellen Sie eine Glasur her (siehe S. 63) und verzieren Sie diese mit feinen Schokoladenstreifen.

ZUTATEN

(für 10–12 Cronuts)
200 g Butter
200 g Frischkäse (z. B. Philadelphia)
100 g Oreo-Kekse
30 ml Milch
200 g Puderzucker

TIRAMISU

Tiramisu ist ein Klassiker, der aus Italien stammt und in aller Welt bekannt ist. Die Basiszutaten (Biskuit, Mascarpone, Kaffee und Grappa) werden hier angepasst, um einen originellen und köstlichen Cronut zu kreieren.

ZUBEREITUNG DER MASCARPONECREME

1 Das Eigelb mit dem Zucker verrühren, Mascarpone hinzufügen und verrühren. Wenn eine geschmeidige Mischung entstanden ist, die Butter hinzufügen und weiterrühren, sodass eine feine, glatte Mascarponecreme entsteht.

ZUBEREITUNG DES KAFFEESIRUPS

1 Wasser und Zucker mischen, sodass ein Sirup entsteht. Erhitzen und 5 Minuten kochen, dann abkühlen lassen.

2 In einer Schale den löslichen Kaffee mit dem Alkohol verrühren. Wenn sich der Kaffee aufgelöst hat, beliebig viel Sirup hineingießen. (In diesem Rezept dienen die Mengenangaben nur zur Orientierung, da es vom persönlichen Geschmack abhängt, wie intensiv die Kaffee- oder Alkohol-Note und die Süße des Sirups sein sollen.)

3 Den Sirup in eine Spritze füllen und in den Cronut spritzen, um dessen Inneres anzufeuchten. (Dafür ist keine große Menge erforderlich – nur genau so viel, dass der Teig leicht getränkt ist.) Nach 10–15 Minuten den Cronut auf die gewohnte Weise füllen: Mit einem Messer drei Löcher in den Cronut schneiden und mithilfe eines Spritzbeutels und einer glatten Tülle Nr. 8 in die Löcher ausreichend abgekühlte Creme spritzen (ungefähr 50–60 g Füllung pro Cronut).

DEKORIEREN

In Zucker wälzen und mit Kakaopulver bestäuben.

ZUTATEN

(für 10–12 Cronuts)
400 g Mascarpone
100 g Butter
3 Eigelb (pasteurisiert)
350 g Puderzucker

ZUTATEN

(für 10–12 Cronuts)
12–15 cl löslicher Kaffee
70 ml Grappa oder Rum
100 ml Wasser
100 g Zucker

SCHOKOLADENGANACHE MIT FRÜCHTEN

Diese Ganache ist hervorragend geeignet, um Ihre Lieblingsfrüchte mit Ihrer Lieblingsschokolade zu kombinieren. Hier einige Vorschläge:

Vollmilchschokolade (40 % Kakao) mit Waldfruchtpüree

Vollmilchschokolade (40 % Kakao) mit Erdbeerpüree

Weiße Schokolade (36 % Kakao) mit Passionsfruchtpüree

Bitterschokolade (70 % Kakao) mit Orangenpüree

Diese Varianten sind lediglich Beispiele. Mit einer guten Mischung aus Schokolade, Sahne und Obst können Sie Ihre Lieblingsfüllung herstellen.

ZUBEREITUNG

1 Die Schokolade zerkleinern und in der Mikrowelle (auf mittlerer Stufe) oder im Wasserbad schmelzen.

2 In einem Topf die Sahne mit dem Fruchtpüree erhitzen. Wenn die Mischung zu kochen beginnt, den Topf vom Herd nehmen und ein Drittel der geschmolzenen Schokolade hinzufügen. Mit einem Teigschaber in Kreisen unterrühren, ohne Luft einzuarbeiten. Wenn die Schokolade untergerührt ist, auf dieselbe Weise erst das zweite, dann das dritte Drittel hinzufügen und unterrühren.

3 Die Masse mit Frischhaltefolie abdecken und im Kühlschrank ruhen lassen, bis eine cremige Ganache entstanden ist, die perfekt als Füllung geeignet ist.

4 Mit einem Messer drei Löcher in den Cronut schneiden und mithilfe eines Spritzbeutels und einer glatten Tülle Nr. 8 die abgekühlte Creme hineinspritzen (ungefähr 50–60 g Füllung pro Cronut).

DEKORIEREN

Sie können das Loch in der Mitte des Cronuts mit Früchten dekorieren und das Gebäck mit Puderzucker und Zimt bestäuben.

ZUTATEN

(für 10–12 Cronuts)
125 ml Sahne
112 g Fruchtpüree
220 g Vollmilchschokolade
(40 % Kakao)
oder
350 g weiße Schokolade
(36 % Kakao)
oder
175 g Bitterschokolade
(70 % Kakao)

GUT ZU WISSEN ...
Fruchtpüree ist in Konditoreien und Spezialläden erhältlich.

SÜSSE MINI-CRONUTS

MINI-CRONUTS

Das ist eine andere schöne Art, Cronuts zuzubereiten, und eine sehr gute Möglichkeit, um sie als Nachtisch zu servieren, z. B. mit Eis, Sauce oder Sahne. Diese kleinen, hübsch dekorierten Cronuts mit Beilage geben ein wunderbares Dessert ab, das Freunde und Familie begeistern wird.

ZUBEREITUNG DER MINI-CRONUTS
Zunächst müssen Sie den Croissant-Teig vorbereiten (siehe S. 32). Wenn Sie ihn dann ausrollen, um die Donuts auszustechen, machen Sie ihn etwas dünner als 1 cm, sodass der Teig feiner wird. Dann stechen Sie Cronuts mit einem Durchmesser von 6,5 cm aus.

Die Mini-Cronuts werden auf die herkömmliche Weise frittiert, doch das Öl muss dafür nicht ganz so heiß sein (ca. 160 °C).

GUT ZU WISSEN …
Es ist wichtig, dass der Teig für die Mini-Cronuts sehr dünn ist, da die Höhe, die das Gebäck beim Aufgehen und Frittieren erreicht, im richtigen Verhältnis zu seinem Durchmesser stehen soll. Der Mini-Cronut sollte nicht deutlich höher als breit sein, sondern ähnliche Proportionen haben wie der Cronut.

ZUSAMMENSETZEN UND DEKORIEREN

Wälzen Sie die Mini-Cronuts in Zucker und Zimt. Mit einem Messer machen Sie sehr vorsichtig einen kleinen Schnitt, bevor Sie mit einem Spritzbeutel mit kleiner Tülle die Ganache hineinspritzen. Legen Sie den Mini-Cronut auf einen Teller und servieren Sie ihn mit einer Scheibe oder Kugel Eis.

MINI-CRONUTS MIT FLÜSSIGEM SCHOKOLADENKERN UND EIS

Für diese Leckerei bereiten Sie eine flüssigere Ganache zu und stellen selbst Eis her. Auch ohne professionelle Geräte können Sie die eistypische Konsistenz problemlos erzeugen.

ZUBEREITUNG DER SCHOKOLADENGANACHE

1 Die Sahne aufkochen. Die zerkleinerte Schokolade im Wasserbad oder in der Mikrowelle schmelzen (auf mittlerer Stufe), dabei gelegentlich umrühren.

2 Sobald die Schokolade geschmolzen ist, die heiße Sahne in drei Etappen nach und nach hinzufügen. Das erste Drittel hineingießen und mit einem Teigschaber unterrühren, bis eine feste Konsistenz entsteht. Dann die beiden anderen Drittel auf dieselbe Weise einarbeiten.

3 Sobald die Ganache auf eine Temperatur unter 40 °C abgekühlt ist, die weiche Butter hinzufügen und mit dem Teigschaber verrühren, bis die Butter komplett in die Ganache eingearbeitet und eine glatte, glänzende Mischung entstanden ist.

ZUBEREITUNG DES EISES

1 Mithilfe eines Handrührgeräts Ei und Eigelb mit dem Zucker verrühren, bis die Mischung schaumig ist.

2 Das Mark mit einem Messer aus der längs halbierten Vanilleschote kratzen und unter die Sahne rühren. Die Sahne schlagen; sobald sie halb steif ist, die Ei-Zucker-Mischung hinzufügen und mit einem Teigschaber von oben nach unten unterheben, damit die Sahne nicht in sich zusammenfällt.

3 Die Mischung in eine Eisform füllen (halbkugelförmig oder rechteckig, je nach Wunsch).

4 24 Stunden im Gefrierfach tiefkühlen.

ZUTATEN

170 g Bitterschokolade (70 % Kakao)
160 g Sahne
30 g Butter

ZUTATEN

500 ml Sahne
1 Ei
2 Eigelb
75 g Zucker
1 Vanilleschote

MINI-CRONUTS MIT KATALANISCHER CREME UND ANANAS-CARPACCIO

Für diesen Nachtisch bereiten Sie zwei verschiedene Cremes zu, eine Englische Creme als Untergrund und eine Katalanische Creme, die mithilfe eines Gasbrenners karamellisiert wird.

ZUBEREITUNG DER ENGLISCHEN CREME

Das Eigelb mit dem Zucker schlagen, bis es weißlich wird. Dann die Sahne hinzufügen und unter Rühren erhitzen. Die Mischung vom Herd nehmen und abkühlen lassen, sobald die ersten Bläschen aufsteigen, d. h., bevor die Mischung zu kochen beginnt.

ZUBEREITUNG DER KATALANISCHEN CREME

1 Eigelb und Zucker in einem Topf erwärmen. Die Milch hinzufügen, umrühren. Dann die abgeriebene Schale einer halben Zitrone und eine halbe Zimtstange hinzufügen. Aufkochen.

2 Währenddessen in einer kleinen Schale das Maismehl mit ein wenig Wasser mischen, umrühren und nach und nach mehr Wasser zugießen, bis das Mehl vollständig aufgelöst ist. Wenn die Eigelbmischung zu kochen beginnt, den Topf vom Herd nehmen, das aufgelöste Maismehl hinzufügen und umrühren, bis die Masse eindickt. Sobald eine cremige Konsistenz erreicht ist, kaltstellen.

3 Eine frische Ananas mit Schale mit einer Brotschneidemaschine oder einem scharfen Messer in sehr dünne Scheiben schneiden.

ZUTATEN

500 ml Sahne
75 g Eigelb
75 g Zucker

ZUTATEN

250 ml Milch
3 Eigelb
75 g Zucker
25 g Maismehl
1 Zitrone
1 Zimtstange

ZUSAMMENSETZEN UND DEKORIEREN

1 Die Mini-Cronuts quer halbieren. Eine Schicht Katalanische Creme auf die Schnittfläche streichen, mit Kristallzucker bestreuen und diesen mit dem Gasbrenner karamellisieren.

2 Einige Stückchen Ananas darauflegen und etwas Katalanische Creme auf der Ananas verteilen. Dann den oberen Teil des Mini-Cronuts daraufsetzen.

3 Auf einem tiefen Teller jeweils einen oder mehrere Mini-Cronuts auf Ananasscheiben und Englischer Creme anrichten.

TRICK

Fügen Sie die Englische Creme erst direkt vor dem Servieren hinzu, damit der Cronut nicht weich wird. Außerdem sollten Sie die Mini-Cronuts etwas länger frittieren, damit sie knuspriger sind und die Flüssigkeit weniger schnell aufnehmen.

TRICK

Stecken Sie zwei Spritztüten in eine größere, damit Sie beide Geschmacksrichtungen des Softeises zusammen aufspritzen können.

MINI-CRONUTS MIT VANILLE- UND ERDBEER-SOFTEIS

Dank dieses Rezepts können Sie ohne Spezialausrüstung die Konsistenz und Cremigkeit von Softeis nachahmen. So ist es möglich, zu Hause diesen ausgefallenen Nachtisch zu genießen.

ZUBEREITUNG

1 Die beiden Eissorten werden auf dieselbe Weise hergestellt, mit der Ausnahme, dass eine der beiden Sorten Ei enthält und bei der anderen die Vanille durch Fruchtpüree ersetzt wird.

2 Die Blattgelatine zum Aufweichen mit kaltem Wasser in eine Schale geben.

3 In einem Topf den Zucker mit dem Eigelb (für die Vanillecreme) beziehungsweise mit dem Erdbeerpüree (für die Erdbeercreme) mischen und zum Kochen bringen. Vom Herd nehmen und die abgetropfte Gelatine hinzufügen. Gut verrühren und im Kühlschrank mindestens 6 Stunden ruhen lassen. (Diese Arbeitsschritte können auch am Vortag durchgeführt werden.)

4 Nach der Ruhezeit, wenn die Cremes eine gallertartige Konsistenz haben, mithilfe der Küchenmaschine mit Rührbesen auf mittlerer Stufe aufschlagen, bis die Cremes eine geschmeidige Konsistenz haben.

ZUSAMMENSETZEN UND DEKORIEREN

Die Mini-Cronuts auf einen flachen Teller legen und mit einem Spritzbeutel mit Randtülle die Creme auftragen, sodass die Form des beliebten Softeises nachgeahmt wird.

ZUTATEN FÜR DAS VANILLE-SOFTEIS

(für 8–10 Portionen)
500 ml Sahne
75 g Eigelb
75 g Zucker
6 g Blattgelatine
1 Vanilleschote

ZUTATEN FÜR DAS ERDBEER-SOFTEIS

(für 8–10 Portionen)
500 ml Sahne
75 g Zucker
4 g Blattgelatine
30 g Erdbeerpüree

MINI-CRONUT-SPIESSE MIT FRÜCHTEN UND SCHOKOLADE

Mit dieser einfach und schnell zubereiteten Kombination können Sie Ihre Gäste überraschen. Für jeden Spieß benötigen Sie einen Mini-Cronut und verschiedene Früchte nach Belieben, die Sie zuvor in lauwarme Schokolade getunkt haben.

ZUBEREITUNG

500 g zerkleinerte Bitterschokolade (70 % Kakao) in der Mikrowelle oder im Wasserbad schmelzen. Wenn die Schokolade eine Temperatur von 55–60 °C erreicht hat, ein Drittel der geschmolzenen Schokolade in eine Schale füllen. 100 g gehackte Schokolade hinzufügen und umrühren, damit die Temperatur auf 27–30 °C sinkt. Dann das beiseite gestellte Drittel wieder hinzufügen, damit die Temperatur auf 32–33 °C steigt.

Auf diese Weise erzielt man die perfekte Temperatur zum Tunken von Früchten in Schokolade, sodass diese schnell trocknen, ohne den Glanz zu verlieren.

Zum richtigen Temperieren ist ein Küchenthermometer unerlässlich. Die optimale Temperatur ist abhängig von der Schokoladensorte:

	Flüssig	Kalt	Lauwarm
Bitterschokolade	55–58 °C	27–30 °C	32–33 °C
Vollmilchschokolade	45–50 °C	26–27 °C	29–30 °C
Weiße Schokolade	45–50 °C	25–26 °C	27–29 °C

ZUSAMMENSETZEN UND DEKORIEREN

Auf einen Spieß einen Mini-Cronut und abwechselnd in Schokolade getunkte und naturbelassene Früchte stecken, bis der Spieß voll ist.

HERZHAFTE
CRONUTS

EINLEITUNG

Mit dem Cronut-Teig können Sie auch herzhafte Füllungen kombinieren. Da der Teig nicht süß ist, eröffnet die Kombination mit beliebigen Zutaten eine ganze Fülle von Möglichkeiten. In diesem Kapitel möchte ich Ihnen einige Beispiele für herzhafte Cronuts präsentieren, die Unterschiede in Geschmack, Konsistenz und Aroma miteinander vereinen.

Alle Rezepte basieren auf der Cronut-Variante, die als Dosant (siehe S. 32) bezeichnet wird. Da der Teig Luftblasen einschließt und keine Schichten wie Blätterteig aufweist, erinnert die Konsistenz des Dosants eher an weiches Weißbrot und lässt beim Verzehr an ein Sandwich denken.

In diesem Kapitel wird gezeigt, wie Sie die Grundidee eines Sandwichs auf Cronuts übertragen können. Das ist mit den Lebensmitteln, die Sie gerne essen und üblicherweise im Kühlschrank oder in der Speisekammer vorrätig haben, problemlos möglich. Wenn Sie diese geschickt miteinander kombinieren, erhalten Sie eine schnelle, einfache und originelle Mahlzeit. Bei einem Rezept (das sich von der Vorstellung eines Sandwichs weiter entfernt) wird hingegen der Cronut-Grundteig verwendet.

Außerdem werde ich Ihnen Cronuts aus dem Sandwichtoaster, im Miniformat sowie im Ofen gebackene Cronuts präsentieren.

AUBERGINE MIT KÄSE UND AVOCADO

Teig: Cronut (siehe S. 30)

ZUBEREITUNG

1 Die Auberginen in Scheiben schneiden, mit dem Öl beträufeln und in einer Pfanne anbraten.

2 Aus dem Fruchtfleisch der Avocado, dem Frischkäse, Zitronensaft und Öl eine Paste rühren. Nach Belieben mit Salz und Pfeffer würzen.

3 Die Cronuts halbieren. Den unteren Teil mit der Avocadocreme bestreichen. Die Auberginenscheiben darauflegen. Die Tomate in dünne Scheiben schneiden und auf die Auberginen legen. Die Rucolablätter darauf verteilen. Dann den Deckel des Cronuts wieder draufsetzen.

ZUTATEN

(für 10–12 Cronuts)
3 Auberginen
1 reife Avocado
2 EL Zitronensaft
100 g Frischkäse
2 Tomaten
2 TL Öl
Salz
Pfeffer
Rucolablätter

SANDWICH MIT PUTE, SALAT UND SENF

Teig: Dosant (siehe S. 36)

ZUBEREITUNG

1 Die Putenbrust in dünne Scheiben schneiden, mit Salz und Pfeffer würzen und in einer Pfanne anbraten.

2 Die Cronuts halbieren. Den oberen Teil mit Senf, den unteren mit Mayonnaise bestreichen. Mit Salat, Tomate und Putenbrust belegen und zusammensetzen.

ZUTATEN

(für 10–12 Cronuts)
Putenbrust
Grüne Tomate
Blattsalat
Mayonnaise
Senf

GERÖSTETE PAPRIKA, FRISCHKÄSE UND STOCKFISCH-CARPACCIO

Teig: Cronut (siehe S. 30)

ZUBEREITUNG

Die Cronuts halbieren. Den Stockfisch darauflegen und nach Belieben salzen und pfeffern. Mit etwas Olivenöl beträufeln, dann den in Scheiben geschnittenen Frischkäse darauflegen. Die eingelegten Paprikaschoten längs aufschneiden, in Streifen schneiden und verteilen.

ZUTATEN

(für 10–12 Cronuts)
Eingelegte Paprikaschoten
Schnittfester Frischkäse
Stockfisch-Carpaccio
Salz
Pfeffer
Natives Olivenöl extra

THUNFISCH, ROMESCO-SAUCE UND OLIVENPASTE

Teig: Dosant (siehe S. 36)

ZUBEREITUNG

Tomaten und Knoblauchzehen häuten und in einen Mixer füllen. Die Mandeln schälen und hinzufügen. Das Fruchtfleisch der getrockneten Paprikaschoten, das Toastbrot, Essig und Öl ebenfalls hinzufügen. Alles zusammen mixen. Am Schluss einen halben Esslöffel edelsüßes Paprikapulver hinzufügen und noch einmal mixen.

Die schwarzen Oliven hacken und in eine kleine Schale füllen. Nach und nach Öl dazugießen, bis eine Paste entsteht.

ZUSAMMENSETZEN

Die Cronuts halbieren. Eine Hälfte mit Mayonnaise bestreichen, die andere mit der Romesco-Sauce. Das Unterteil mit Endivienblättern und Thunfisch belegen. Die Olivenpaste darauf verteilen und das Oberteil wieder daraufsetzen.

ZUTATEN

(für 10–12 Cronuts)
Thunfisch
1 Glas schwarze Oliven
Romesco-Sauce
Mayonnaise
Endivienblätter
Natives Olivenöl extra

ZUTATEN FÜR DIE ROMESCO-SAUCE

2-3 Tomaten
1 Knoblauchknolle
80 g geröstete Mandeln
2 getrocknete, scharfe Paprikaschoten
1 Scheibe Weißbrot, getoastet
200 ml Natives Olivenöl extra
75 ml Essig
Edelsüßes Paprikapulver
Salz

FRISCHKÄSE MIT WALNÜSSEN, ANCHOVIS UND SPINAT

Teig: Dosant (siehe S. 36)

ZUBEREITUNG

1 Die Walnüsse hacken, mit dem Öl und dem Frischkäse verrühren und ein wenig pfeffern.

2 Die Cronuts halbieren. Den unteren Teil mit der Walnusscreme bestreichen, Anchovis und Spinatblatt darauflegen.

ZUTATEN

(für 10–12 Cronuts)
250 g Frischkäse
50 g Walnüsse
2 EL Öl
Anchovis
Spinatblätter
Pfeffer
Öl

RÄUCHERLACHS, WEISSER SPARGEL UND TATARENSAUCE

Teig: Dosant (siehe S. 36)

ZUBEREITUNG

1 Kapern, Gewürzgurken, Zwiebeln und das hartgekochte Ei fein hacken. Alles mit der Mayonnaise vermengen und zum Schluss den Senf hineinrühren.

2 Die Cronuts halbieren, beide Hälften mit der Sauce bestreichen, Räucherlachs und Spargel darauflegen.

ZUTATEN

(für 10–12 Cronuts)
10–12 Scheiben Räucherlachs
12–15 Stangen weißer Spargel
200 g Mayonnaise
1 hartgekochtes Ei
25 g Kapern
25 g Gewürzgurken
50 g Zwiebeln
1 TL Senf

HERZHAFTE MINI-CRONUTS
(SCHNELLE CRONUTS)

EINLEITUNG

Für die salzigen Mini-Cronuts haben wir uns von Kanapees oder Finger-food inspirieren lassen. Dabei sind wir auf dieselbe Weise vorgegangen wie bei der Herstellung von belegten Broten und Sandwiches. In diesem Kapitel präsentieren wir Ihnen sechs geniale Ideen, die perfekt auf den Cronut-Teig zugeschnitten sind.

Bei der Zubereitung der Mini-Cronuts folgen Sie der Anleitung auf S. 73. Der Unterschied liegt in diesem Fall darin, dass sie im Ofen gebacken werden. Auf diese Weise entsteht eine neue Teigvariante, die im Falle der salzigen Mini-Cronuts mehr der gewünschten Konsistenz entspricht und mit beliebigen Zutaten kombiniert werden kann.

Da sie im Ofen gebacken werden, könnte man annehmen, dass sie sich nicht sehr von einem Croissant unterscheiden. Doch obwohl es sich um denselben Teig handelt, ist das Ergebnis durch die andere Art der Verarbeitung deutlich blättriger.

Nachfolgend stelle ich Ihnen einige sehr einfache Ideen für herzhafte Cronuts vor, die in weniger als zwei Minuten zubereitet sind.

ZIEGENKÄSE UND QUITTENBROT

Teig: Mini-Cronut, gebacken

ZUBEREITUNG
Eine Scheibe Quittenbrot auf den Cronut legen. Den Ziegenkäse obendrauf platzieren, mit etwas Zucker bestreuen und mithilfe eines Gasbrenners gratinieren.

ZUTATEN
Ziegenkäse
Quittenbrot

AVOCADO, TOMATE UND SARDELLE

Teig: Mini-Cronut, gebacken

ZUBEREITUNG

Die Avocado in dünne Scheiben schneiden. Tomate reiben und darauf verteilen, salzen und pfeffern. Eine eingelegte Sardelle darüber legen und etwas Olivenöl darauf träufeln.

ZUTATEN

Avocado
Tomate
Sardellen, in Essig eingelegt
Olivenöl

LEBERPASTETE MIT APFELMUS

Teig: Mini-Cronut, gebacken

ZUBEREITUNG
Die Leberpastete einfrieren und gefroren in Stücke schneiden. Ein Stück auf den Mini-Cronut legen und mit einem Löffel Apfelmus krönen.

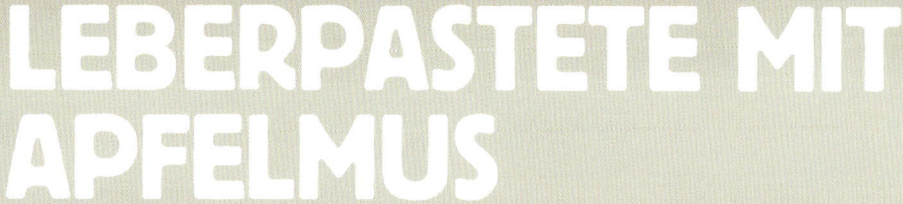

ZUTATEN
Leberpastete
Apfelmus

SOBRASADA UND HONIG

Teig: Mini-Cronut, gebacken

ZUBEREITUNG
Die Tomate auf den Mini-Cronut reiben und mit etwas Olivenöl beträufeln. Eine Scheibe Sobrasada darauf legen und mit ein wenig Honig beträufeln.

ZUTATEN
*Sobrasada (spanische
Paprika-Streichwurst)*
Honig
Tomate
Olivenöl

FEIGE MIT MAHÓN-MENORCA-KÄSE

Teig: Mini-Cronut, gebacken

ZUBEREITUNG
Eine Ecke Käse auf den Cronut legen und mit etwas Feigenfruchtfleisch und einem Stückchen frischer Feige krönen.

ZUTATEN
Reife Feige
Mahón-Menorca-Käse
(leicht säuerlicher Hartkäse)

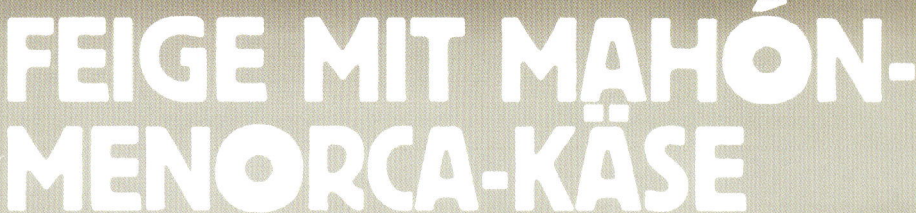

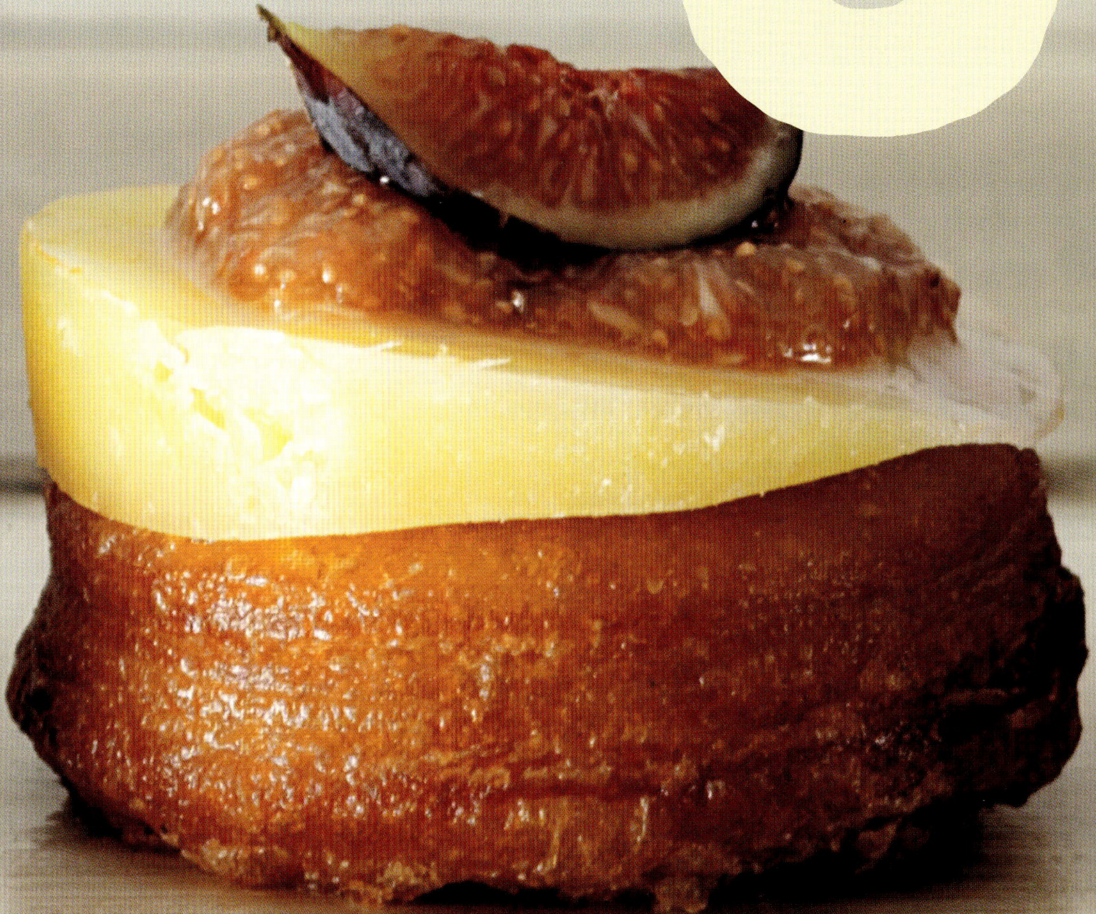

JAMÓN IBÉRICO UND TROCKENPFLAUMEN

Teig: Mini-Cronut, gebacken

ZUBEREITUNG
Den Cronut mit einer Scheibe rohem Schinken belegen und eine halbe Trockenpflaume daraufsetzen.

ZUTATEN
Jamón Ibérico
Trockenpflaumen

CRONUTS AUS DEM SANDWICH-TOASTER

CRONUTS AUS DEM SANDWICHTOASTER

Mit Cronuts aus Dosant-Teig können Sie mithilfe eines Sandwichtoasters warme Köstlichkeiten zaubern – eine weitere tolle und einfache Art, Cronuts zu genießen.

Hier finden Sie einige Kombinationsmöglichkeiten:

• Gekochter Schinken und Blauschimmelkäse
• Schweinelende und Käse
• Wiener Würstchen
• Frikadelle (mit beliebigen Gewürzen)
• Sobrasada und Käse

KÜCHENUTENSILIEN

1 Spritztüllen

2 Schneebesen

3 Obstmesser

4 Ausstecher

5 Tüllen zum Füllen und Dekorieren

6 Nudelholz

7 Spritzbeutel

8 Teigschaber

9 Thermometer

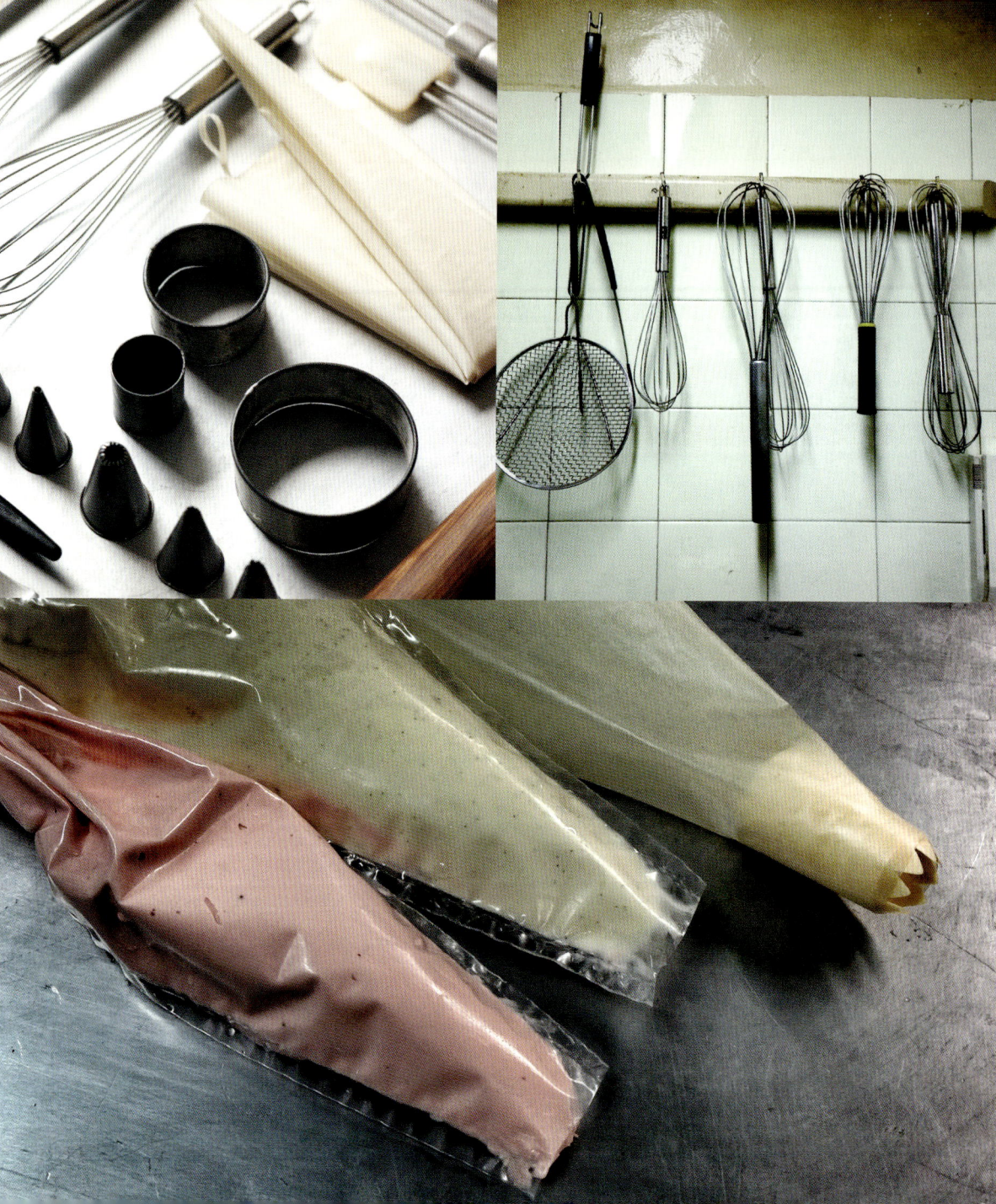

DANKSAGUNG

Es hat mir viel Spaß gemacht, dieses Konditorei-Buch zu schreiben – mit dem Cronut als rotem Faden und Hauptdarsteller. Als Vanessa López mir vorschlug, über Cronuts zu schreiben, dachte ich, dieses Thema sei nicht umfangreich und ergiebig genug, um ein Buch darüber zu veröffentlichen; und ich wusste nicht, ob meine Cronuts sich dafür eigneten. Doch ich gelangte zu der Überzeugung, dass dies eine großartige Gelegenheit wäre, die kreative Arbeit des Konditors vorzustellen, eine Möglichkeit, all' meine Kenntnisse einzubringen, meiner Fantasie freien Lauf zu lassen und ein Buch mit wunderbaren Rezepten zu schaffen, die auf den Techniken der hohen Konditorkunst basieren.

Ich habe den gesamten Entstehungsprozess dieses Werks sehr genossen, und ich möchte Vanessa, Eva und dem Verlag Libro Cúpula dafür danken, dass sie mir diese Gelegenheit geboten haben. Man erhält nicht jeden Tag eine E-Mail mit dem Vorschlag, ein Buch zu schreiben, und deshalb möchte ich mich für das Vertrauen und das Interesse an diesem Projekt bedanken.

Außerdem möchte ich mich bei allen bedanken, die mein Buch gekauft haben, denn beim Schreiben habe ich an sie gedacht und nach abwechslungsreichen, innovativen und einfachen Ideen der Zubereitung gesucht, um die Backwaren mehr an ihre Möglichkeiten anzupassen. Herzlichen Dank.

Ganz besonders möchte ich meinen Großeltern danken. Im Jahr 2009 schenkte meine Großmutter mir ein Foto der Konditorei aus den 1930er Jahren mit folgendem Text: „Wir sind begeistert, dass du dir unseren Traum zu eigen gemacht hast." Ich habe viel an sie und an ihren Traum gedacht. Fühlt euch umarmt!

Ich kann dieses Buch nicht beenden, ohne mich bei all jenen zu bedanken, die mir im vergangenen Jahr geholfen haben: meine Schwester Núria – ohne ihre Unterstützung hätten wir es nicht geschafft; Ràdio Flashback – sie waren die Ersten, die von meinen Cronuts gesprochen haben; Sara González von der Zeitung Ara – ihr Bericht ging um die Welt; Stella Rotger – sie hat fantastische Fotos gemacht; Víctor Llacuna – für seine beeindruckende Einleitung; „Els Matins de TV3" – für ein paar Minuten zur besten Sendezeit; alle, die dazu beigetragen haben, dass die Konditorei Lleonart ein wenig bekannter geworden ist. Und ich möchte mich bei Sandra bedanken, weil sie mich inspiriert und in den vergangenen Monaten so sehr unterstützt hat: Ich danke dir dafür, dass du an meiner Seite bist.

Darüber hinaus bedanke ich mich bei meinen Eltern: Alles, was ich bin und habe, verdanke ich ihnen. Vielen Dank für Eure Hilfe und Unterstützung. Ich weiß, dass dieses Buch sie an all das erinnert, was wir gemeinsam erlebt haben. Ich widme es ihnen.

Und ich bedanke mich bei allen Kunden der Konditorei Lleonart, die uns nun seit über 80 Jahren ihr Vertrauen schenken. Ein herzliches Dankeschön!

Guillem Lleonart i Villa

STELLA ROTGER

Stella Rotger wurde 1975 in Barcelona geboren und wuchs in einem Landhaus in Cardedeu auf, rund 37 km von der katalanischen Hauptstadt entfernt.

Während ihrer letzten Schuljahre arbeitete sie nachmittags in einem Fotoladen ihres Heimatortes. Im Alter von 18 Jahren brach sie ihr Studium ab, um ans Institut d'Estudis Fotogràfics de Catalunya in Barcelona zu wechseln, das zur unvergleichlichen Escuela Industrial gehört. Dort merkte sie, dass das Fotografieren sie glücklich machte, und bis heute hat es in ihrem Leben keinen einzigen Tag ohne die Fotografie gegeben.

Am Institut lernte sie fünf Jahre lang. Die gute Atmosphäre und die hervorragenden Lehrkräfte verstärkten ihre Liebe zur Fotografie. Sie besuchte unter anderem Kurse für Architekturfotografie – ein Bereich, der später einen großen Teil ihrer Arbeit ausmachen sollte.

Im Sommer 1995 sprachen ihre Eltern mit ihr über das „International Center of Photography", und im folgenden Sommer zog sie nach New York, um dort einen Workshop durchzuführen, der einen Meilenstein in ihrem Leben darstellte.

Neben ihren Studien arbeitete sie unter anderem auch im Bereich der Porträtfotografie und Werbeaufnahmen. Eines Tages erhielt sie den Auftrag, ein Haus zu fotografieren, das zwar nicht besonders schön war, aber auf ihren Bildern sehr gut in Szene gesetzt wurde. Dies war der Beginn eines langen Weges zur dekorativen Fotografie, der Innenarchitektur und des Lifestyles, dem sie bis heute weiter folgt.

Stella Rotger hat in zahlreichen spanischen Zeitschriften veröffentlicht, die sich mit Dekoration beschäftigen, sowie in Illustrierten und Büchern zu den Themen Architektur und Innenarchitektur, die in verschiedenen Ländern erscheinen. In letzter Zeit verbindet sie die dekorative mit der kulinarischen Fotografie.

www.stellarotger.carbonmade.com